JOSEPH LESURQUES

CONTRE

LE COMTE SIMÉON

PROCÈS D'OUTRE-TOMBE

JOSEPH LESURQUES

CONTRE

LE COMTE SIMÉON

Summmum jus, summa injuria.
La lettre tue, l'esprit vivifie.

PARIS

E. DENTU, LIBRAIRE-ÉDITEUR

GALERIE D'ORLÉANS, 13 ET 17, PALAIS-ROYAL

1861

« Qu'opposer à cette demande? Une fin de non-recevoir? Je n'y songeai pas; J'AI TOUJOURS PENSÉ QU'IL ÉTAIT BON DE VÉRIFIER, et qu'alors même que les accusations semblaient invraisemblables, IL ÉTAIT DU DEVOIR DE LA JUSTICE, QUAND IL S'AGIT DE L'HONNEUR, DE LA LIBERTÉ, DE LA VIE D'UN CITOYEN, DE NE RECULER DEVANT AUCUN EXAMEN *(Très bien! très bien!)*

« Je pris le dossier (1). »

Voilà nos droits, lecteur, et voilà vos devoirs !

H. d'A.

(1) Discours de M. Delangle, ministre de la Justice, au Sénat, dans la séance du 10 juin 1861.)

PROCÈS D'OUTRE-TOMBE

JOSEPH LESURQUES

CONTRE

LE COMTE SIMÉON

Summum jus, summa injuria.

La lettre tue, l'esprit vivifie.

I

La civilisation et la justice ont reculé depuis 1789!

La République de Venise a légué au monde un noble exemple et un mémorable enseignement.

Certain meurtre ayant été commis, on avait soupçonné, arrêté, mis à mort un malheureux boulanger, jugé coupable sur des indices trompeurs. Quinze jours après, le véritable assassin, saisi pour un autre crime, démontra par ses aveux l'innocence du premier condamné et l'horrible méprise de la justice.

Que fit alors l'aristocratique Venise? Se borna-t-elle à reconnaître, à regretter un tel malheur? Sacrifiant un intérêt particulier à je ne sais quel intérêt général, crut-elle devoir, par une logique barbare, par un hypocrite et monstrueux abus des idées les plus saintes, consacrer l'erreur judiciaire et *maintenir l'autorité de la chose jugée?*

Non, les sophistes, apparemment, n'avaient pas encore obscurci les principes si clairs du droit et de la morale. On comprit qu'une injustice ayant été involontairement commise, le premier devoir était de la réparer volontairement dans la mesure du possible, et de mériter le pardon de Dieu et des hommes par une solennelle expiation.

Doge, Conseil des Dix, Inquisiteurs d'État, Conseil des Pregadi, Tribunal de la Quarantie, tous les grands pouvoirs de la plus fameuse oligarchie nobiliaire qui fut jamais, s'émurent en faveur d'un simple artisan, et, d'une voix unanime, proclamèrent la nécessité d'une réhabilitation. Elle fut prompte, officielle et complète.

LES JUGES QUI AVAIENT PRONONCÉ LA SENTENCE PRIRENT LE DEUIL, LA RÉPUBLIQUE SE DÉCLARA TUTRICE DES ENFANTS DU CONDAMNÉ, LE SÉNAT RENDIT L'HONNEUR A LEUR NOM, LA RELIGION INTERVINT POUR APAISER LA COLÈRE DIVINE, UNE MESSE FUT FONDÉE A PERPÉTUITÉ POUR LE REPOS DE L'AME INNOCENTE, ET, DANS LA SALLE DES AUDIENCES CRIMINELLES, ON TRAÇA CETTE INSCRIPTION A LA FOIS TOUCHANTE ET REDOUTABLE DANS SA LACONIQUE FORMULE :

Ricordate vi del povero fornaro! (1)

DEPUIS CE JOUR , TOUTES LES FOIS QUE LE TRIBUNAL S'APPRÊTAIT A PORTER UN ARRÊT DE MORT, UN HUISSIER, ÉLEVANT SA BAGUETTE VERS L'INSCRIPTION, DUT RÉPÉTER A HAUTE VOIX :

« *Ricordate vi del povero fornaro!* »

En France, sous le règne de Louis XIV, une dame Mazel, demeurant rue des Maçons, près de la Sorbonne, fut trouvée morte dans son lit, le matin du 28 novembre 1689 : son corps était percé de cinquante coups de couteau. Son fils, M. de Savonnière, conseiller au Parlement, accourt, appelle le lieutenant criminel et presse l'instruction. Les soupçons tombent sur le maître-d'hôtel de la défunte, un nommé Lebrun. Il passe en jugement, et un premier arrêt le condamne à faire amende honorable, à subir la question ordinaire et extraor-

(1) « *Souvenez-vous du pauvre boulanger!* »

dinaire et à être rompu vif. En appel, il est seulement condamné à la question. Cette horrible épreuve n'ayant pu vaincre sa constance ni lui arracher aucun aveu, un arrêt du 27 février 1690 se borne à le retenir provisoirement en prison et ordonne un plus ample informé. Un mois après, l'infortuné succombe à ses douleurs. Il n'est pas mort depuis six semaines que le prévôt de Sens met la main sur le vrai coupable, Jean Gerlat dit Berry, ancien laquais de la dame Mazel. Ce scélérat, sur le lieu même du supplice, confesse son crime avec les plus grands détails et atteste l'innocence du malheureux Lebrun.

ALORS, SUR LA DEMANDE DE LA VEUVE LEBRUN ET DU TUTEUR DE SES CINQ ENFANTS, UN NOUVEAU PROCÈS FUT PLAIDÉ AVEC LE PLUS GRAND ÉCLAT, ET LE PARLEMENT, PAR ARRÊT DU 30 MARS 1694, RÉHABILITA SOLENNELLEMENT LA MÉMOIRE DU PAUVRE MAITRE-D'HOTEL, CONFIRMA SA SUCCESSION DANS LE LEGS DE 6,000 LIVRES INSCRITS A SON PROFIT SUR LE TESTAMENT DE LA DAME MAZEL, ET CONDAMNA SON ACCUSATEUR, M. DE SAVONNIÈRE, A PAYER, OUTRE LES DÉPENS DE LA PROCÉDURE, LES INTÉRÊTS DU LEGS A PARTIR DU DÉCÈS DE LA TESTATRICE.

Voilà ce qui se passait en Italie, dans une république aristocratique du moyen-âge, et en France, sous la monarchie du *bon plaisir*. Le dix-huitième siècle vit encore et applaudit les fameuses réhabilitations de Calas, de Sirven, de d'Anglade et du comte de Lally-Tollendal.

Depuis lors, la Révolution de 1789 a régénéré notre pays, aboli les priviléges, détruit les abus, inauguré une ère d'amour et de justice, et substitué à la législation irrégulière et confuse de nos pères ce Code français, notre sauvegarde et notre orgueil. Combien de garanties nouvelles pour les droits et les intérêts! quels recours variés contre l'arbitraire! Que de réparations offertes par la loi aux victimes de toutes les erreurs et de toutes les iniquités! Certes, en nos temps heureux, la loi, notre loi sage et douce, doit fournir mille voies pour une à ces réhabilitations posthumes qu'autorisaient même les barbares coutumes de la féodalité et de l'absolutisme.

Erreur, hélas ! grave erreur ! et le vrai, le voici dans toute son étrangeté : CE QUI ÉTAIT POSSIBLE SOUS L'ANCIEN RÉGIME, EST IMPOSSIBLE DEPUIS LA RÉVOLUTION !

Parmi leurs vieilles lois, nos aïeux avaient à invoquer une ordonnance de 1670, *qui permettait au condamné*, A SA VEUVE ET A SES ENFANTS d'obtenir du roi des lettres de rémission. Or, le Code français, notre sauvegarde et notre orgueil, n'a point maintenu l'équivalent de cette prudente et paternelle ordonnance. Donc, si Lebrun, si Calas, si le comte de Lally eussent vécu sous le régime de nos lois nouvelles, l'honneur n'aurait pu être rendu à leur mémoire, et leur nom, le nom de leurs fils resterait légalement entaché d'infamie.

C'est ce que démontre l'histoire de JOSEPH LESURQUES ; optimistes, veuillez en relire ici le résumé, et, pleurant avec nous sur cet homme de bien, avec nous vous direz à la Justice de la France moderne :

> *Multis ille bonis flebilis occidit,*
> *Nulli flebilior quam tibi !...* (1)

II

Nos vœux, nos espérances, nos droits.

Le 30 octobre 1796, Lesurques, vêtu de blanc, montait sur l'échafaud. Il mourut sans peur, ayant vécu sans reproches. Riche, bien fait, estimé, heureux, il n'avait pas trente-trois ans. (2)

(1) Si maint homme de bien doit des pleurs à ce mort,
  Nul n'en doit plus que vous !....
(Horace, ode XX, ad Virgilium.)

(2) Quelle scène que cette exécution ! Lesurques, jeune et beau, d'une beauté mâle ennoblie par la souffrance, était pâle, mais calme et fier dans sa pieuse résignation. Le choix étrange et symbolique de son vêtement blanc éveillait la curiosité et provoquait les commentaires. Près de lui, l'assassin Courriol,

Son innocence, bientôt prouvée par des arguments sans réplique, est aujourd'hui affirmée par l'histoire et acceptée par l'opinion universelle. Des personnages considérables par le caractère, la position et le talent, n'ont cessé de la proclamer depuis soixante-cinq ans. Elle a été, publiquement et à plusieurs reprises, attestée dans nos grandes assemblées politiques ; enfin l'erreur du jury de l'an IV (1) est devenue si manifeste que le fisc lui-même, le fisc avare comme l'antique Achéron, a lâché déjà deux lambeaux de sa proie, et deux ministres des finances ont successivement restitué des sommes importantes à la famille du martyr.

Cependant le sang de ce supplicié crie encore vengeance. Sa mémoire, réhabilitée par l'opinion, n'est point réhabilitée par la loi. L'injustice qui a fait tomber sa tête, n'est ni officiellement confessée, ni juridiquement réparée ; l'arrêt, l'abominable arrêt subsiste et pèse sur son nom, sur le nom de ses héritiers ; une partie de sa fortune indûment confisquée est indûment retenue par le trésor ; sa postérité, que le suffrage populaire a relevée de la honte, n'est point sauvée de la misère, et le défenseur opiniâtre de ces infortunés, l'intrépide champion de la plus juste querelle, M. Louis MÉQUILLET, après quarante ans de luttes et de sacrifices, est sur la brèche encore, bataillant toujours et toujours espérant contre toute espérance.

pareil au *bon larron* de l'Évangile, montrait le juste à la foule et ne se lassait point de crier : « *Je suis coupable ! Il est innocent !* » — Le bourreau fit bien de hâter sa besogne ! quelques instants de plus et, la pitié, la sympathie, l'indignation éclatant en émeute populaire, arrachaient à l'échafaud sa proie innocente !

(1) Quand le verdict de ce jury fut prononcé, de sourdes rumeurs coururent dans la salle d'audience et la foule, en se retirant, fit entendre des murmures significatifs. Un avocat célèbre du temps, un homme dont la science et le caractère étaient universellement estimés, et qui avait attentivement suivi tous les débats, M. Billecocq, accompagna jusqu'à l'Hôtel-de-Ville quelques-uns des jurés sortant du Palais, et quand il les quitta, il leur dit :

— « JE NE PRÉTENDS PAS, MESSIEURS, ADRESSER DES REPROCHES A VOS » CONSCIENCES, MAIS SOUFFREZ QUE J'EN ADRESSE A VOS LUMIÈRES. COM- » MENT SUR DE TELS INDICES, APRÈS TANT D'HÉSITATIONS ET DE CONTRADIC- » TIONS DE LA PART DES TÉMOINS A CHARGE, AVEZ-VOUS PU CONDAMNER CE » MALHEUREUX ? QUANT A MOI, J'AURAIS PORTÉ MA TÊTE SUR L'ÉCHAFAUD » AVANT DE LE DÉCLARER COUPABLE ! »

Tout le monde a lu la lettre que Lesurques, se préparant à mourir, écrivit

A l'heure où ce vieillard presqu'octogénaire va tenter un suprème effort et donner, peut-être, son dernier assaut, quel homme de cœur, quel honnête homme oserait lui refuser des sympathies effectives, un énergique et loyal concours? Pour nous, en cette décisive rencontre, humble, mais dévoué soldat, nous voulons nous ranger à sa droite et combattre avec lui.

Disons-le nettement, le but de nos démarches et le terme de nos travaux, c'est la révision du procès Lesurques, c'est la cassation d'un arrêt déplorable, c'est la réhabilitation du condamné, réhabilitation complète, publique, légale !

<hr>

III

Obstacles et objections.

Entendez-nous, bonnes gens, qui estimez peut-être que cette affaire ne vous regarde point ; nous ne poursuivons pas seulement ici une entreprise d'intérêt individuel, mais encore,

à sa femme et qui portait cette suscription : « *A la citoyenne* veuve *Lesurques*. » Une autre lettre pleine de douceur et de dignité, où il fit ses adieux à ses amis, est également très connue. Restent ces admirables lignes qu'il adressa au misérable Dubosc, et qu'il conjura ses juges de faire insérer dans les journaux :

« — Vous, au lieu de qui je vais mourir, contentez-vous du sacrifice de ma vie. Si jamais vous êtes traduit en justice, souvenez-vous de mes trois enfants couverts d'opprobre, de leur mère au désespoir, et ne prolongez pas tant d'infortunes causées par la plus funeste ressemblance ! »

N'est-il pas vrai qu'elle est noble, touchante, sublime cette lettre où le stoïcisme antique s'allie à la mansuétude chrétienne ? Après l'avoir lue, les contemporains de Lesurques durent s'écrier, comme autrefois les Juifs: « *En vérité, cet homme était un juste!* » M. Siméon et les Pharisiens ses complices, se raidirent seuls contre l'émotion générale et ne voulurent pas être persuadés. Moins insensible fut ce scélérat de Dubosc qui, sur les degrés de l'échafaud « se souvint *des trois enfants couverts d'opprobre, de leur mère au désespoir,* » et rendit hommage à la mémoire de l'innocent.

MAIS SURTOUT UNE ŒUVRE D'UTILITÉ GÉNÉRALE ET D'UNIVERSELLE JUSTICE; NOUS PLAIDONS MOINS UNE CAUSE PRIVÉE QU'UNE CAUSE SOCIALE, NATIONALE, HUMAINE! Songez que la réparation du passé sera la seule garantie de l'avenir, et certes, ce tardif triomphe du droit profitera moins à notre Lesurques *qu'on ne saurait faire revivre,* qu'aux Lesurques futurs, qui vivent ou vivront parmi vous et qu'on *pourrait faire injustement mourir* !

En ce monde, les honnêtes et généreux desseins ont à surmonter un obstacle plus puissant peut-être que l'hostilité systématique des méchants; c'est l'attitude passive des bons, c'est la torpeur et l'apathie morale, qui fait des cœurs indifférents et des esprits légers ou sceptiques les auxiliaires naturels, les éternels complices des âmes noires et des intelligences perverses. L'active malignité de quelques meneurs emprunte une force incalculable et parfois invincible à la mollesse et à la coupable inertie des autres hommes. La mauvaise foi sème des mensonges, suggère des doutes, murmure tout bas de faux raisonnements, que vont partout répétant sans contrôle et l'inoffensive paresse et le stupide égoïsme :

— « *Faits accomplis,* disent les perfides, *intérêts prescrits, droits périmés, chose jugée, maux sans remède, bon vouloir impuissant.* »

— « *Chacun pour soi,* disent les sots, *et malheur aux vaincus.* »

Ah! Dieu nous préserve de la doctrine du *laisser-faire!* Elle est lâche et pernicieuse ! Lorsqu'un de nos frères est injustement frappé dans son droit, dans son honneur, dans sa vie, gardons-nous de nous taire et de passer condamnation. Membres de la famille humaine, nous sommes tous solidaires, tous menacés, tous atteints du préjudice porté au moindre d'entre nous, et nul ne devrait prendre joie ni repos avant qu'un pareil tort fût réparé.

Or, à l'égard de Joseph Lesurques, savez-vous quels propos ont imaginés deux ou trois traîtres, habiles endormeurs de consciences ? Savez-vous quels propos un million de dupes répète journellement sans songer à mal ? Sophismes impies, mais arguments commodes, qui flattent la nonchalance des esprits vulgaires, assoupissent leurs remords et leur épargnent le souci de penser et la peine d'agir ? Écoutez une de ces absurdes et révoltantes objections que rencontrent à chaque pas les hommes de sens et de cœur, qui, après avoir sérieusement étudié une question tant de fois traitée et encore si mal connue, s'indignent de la voir dédaignée par la sottise, négligée par la pusillanimité ou repoussée par de ténébreuses machinations :

— « L'affaire Lesurques est *usée* et nous en avons les oreilles
» rebattues ! Lesurques est mort innocent, nul ne le conteste,
» chacun le déplore, mais à quoi bon nous parler toujours de
» sa réhabilitation ? De deux choses l'une : ou elle n'a pas été
» sérieusement tentée, parce qu'elle est impossible ; ou elle est
» impossible, puisqu'après *soixante-cinq ans* de tentatives elle
» n'a point réussi. Pareilles entreprises sont de très longue
» durée, nous le voulons bien ; toutefois certain laps de temps
» écoulé, il semble qu'elles ne sauraient être poursuivies sans
» ridicule obstination. Voltaire, nous le savons, mit *treize ans*
» à faire réhabiliter Calas ; mais outre que nous n'apercevons
» pas le moindre Voltaire parmi les avocats de Lesurques, il est
» permis de supposer que Voltaire lui-même se fût lassé
» après *soixante-cinq ans* de zèle dépensé en pure perte ! Le dé-
» voûment est une belle chose, mais la chevalerie à eu ses Don
» Quichotte ! Ne blâmons pas les héros de cette école ; plai-
» gnons-les seulement, et allons savoir le cours de la Bourse ! »

Ainsi raillent autour de nous, ainsi blasphèment en chœur les ennemis acharnés et les amis indolents de la vérité. Leurs exemples et leurs discours, joints aux cent mille occupations et préoccupations de chaque existence particulière, ont lentement formé et épaississent chaque jour en France cette masse lourde et stagnante de velléités sans effets, de jugements sans conclusion, de vagues désirs et de sympathies inertes, que cherche vainement à remuer le souffle patient de quelques volontés énergiques et de quelques convictions passionnées.

IV

Nette réponse à nos adversaires de bonne ou de mauvaise foi.

Aux objections spécieuses et aux captieux arguments que soulèvent à la fois les ardents ennemis de la justice et ses tièdes partisans, les cœurs implacables et les esprits irrésolus, nous allons ici présenter la nette réplique des faits et des dates : nous allons montrer en peu de mots par quel enchaînement de causes extraordinaires le plus noble, le plus saint travail de cet âge, commencé depuis trois quarts de siècle, demeure encore inachevé.

Quand nous aurons rapidement esquissé les phases du drame funèbre, quand nous aurons nombré les erreurs et les crimes judiciaires, suites presque logiques d'une première erreur et d'un premier crime, on comprendra la justesse de ces paroles imprimées naguère par un habile et savant avocat : (1)

« Aucun de nous ne peut affirmer qu'il ne mourra pas sur » l'échafaud. L'honnête homme ne peut que se rendre ce témoi-» gnage qu'il ne méritera pas d'y mourir. Voilà tout ! — Pour-» quoi ? — Parce que si l'honnête homme peut bien dire : « Je » ne serai jamais criminel, » il ne peut pas ajouter : « Je n'au-» rai jamais les apparences d'un criminel ! »

Oui, les plus honnêtes et les plus insouciants, cessant enfin de se croire à l'abri des *fatales méprises,* vont trembler pour eux-mêmes et leur égoïsme épouvanté s'écriera : « Certes, » l'affaire nous regarde, Lesurques nous intéresse, sa cause » est la nôtre, pourquoi tarde-t-on à le réhabiliter ? »

Justifions donc, par un calcul exact, l'emploi de *soixante-cinq années,* et une simple opération d'arithmétique vaudra, peut-être, cent plaidoyers éloquents. Chacun reconnaîtra tout à l'heure que — DIX ANNÉES A PEINE, SUR SOIXANTE-CINQ, ayant pu être vraiment utilisées, — les défenseurs de Joseph Le-

(1) M. Frédéric Thomas. *Le Siècle* du 20 avril 1860.

surques ont jusqu'ici dépensé moins de temps, et par suite, doivent garder autant, sinon plus de confiance que l'immortel vengeur de Calas.

V

Brève histoire de soixante-cinq années.

<table><tr><td>1796
30 octobre.</td><td>Quand la victime du juge Gohier et du député Siméon, (1) quand Lesurques INNOCENT mourut de la mort des assassins, sa famille se composait d'une vieille mère, d'une jeune femme, et de trois petits enfants.</td></tr></table>

La mère devint folle le jour du supplice, et mourut deux ans après, sans avoir recouvré la raison.

La veuve resta folle pendant sept ans.

Des trois orphelins, l'aîné avait quatre ans.

Une première erreur venait de ravir à ces cinq personnes, un fils, un mari, un père, l'ami commun, le commun protecteur. Aussitôt une *seconde erreur* étrange, absolument inexplicable, et telle qu'à toute autre place on la nommerait une *bévue*, dépouilla ces cinq délaissés de la fortune qui leur appartenait, comme mère, veuve et enfants du mort.

(1) L. Jérôme Gohier, né en 1746, mort en 1830, avocat avant 1789, depuis député à l'Assemblée législative, ministre et directeur de la République française, présidait en 1796 le Tribunal criminel de Paris, lorsque Lesurques y comparut avec ses co-accusés. Il montra dans l'exercice de ses redoutables fonctions une légèreté, un entêtement, un aveuglement, une brutalité, une passion sans exemple et sans excuse. Rudoyant et menaçant les témoins à décharge, il admit sans contrôle les assertions contradictoires des témoins à charge, et quand la maîtresse d'un des scélérats, la fille Bréban, se présenta pour faire les révélations les plus graves et les plus complètes, le jury étant déjà en délibération, Gohier osa dire à cette heure décisive : « — *Les débats sont fermés ; il n'est plus temps !* — » IL N'EST PLUS TEMPS !!! Mots exécrables, qui trahissent une impatience furieuse, une prévention poussée jusqu'à la démence, et qui équivalent à un homicide. — Siméon acheva celui que Gohier avait d'abord frappé ! Après le jugement du Tribunal criminel, le condamné s'était pourvu en Cassation, mais son pourvoi avait été rejeté. Une seule ressource restait : demander que le Directoire fît, selon son droit, surseoir à l'exécution de la sentence. Sur la requête de M. Guinier, le courageux défenseur de Le

Joseph Lesurques possédait au moins 11 a 12,000 livres de revenu. Après sa condamnation, tout cet héritage fut séquestré. Mesure trois fois inique :

1° Parce que le sequestre était aboli depuis 1793 !

2° Parce que Lesurques était innocent.

3° Parce que, Lesurques eût-il été coupable, on ne pouvait confisquer, sur la totalité de ses biens, que 54,525 fr. 35 c, montant de la somme volée au Courrier de Lyon, et que l'innocent, seul solvable parmi les accusés, payait pour tous les coupables.

Si le Trésor se fût contenté de la confiscation, même inique, de ces 54,525 fr. sur un capital produisant 12,000 livres de rente, on voit que veuve et orphelins auraient gardé assez d'aisance, d'abord pour suffire à leurs besoins matériels, ensuite pour se pourvoir en justice contre la *fatale méprise* et solliciter la révision du procès.

Deux femmes folles, trois enfants en bas âge, cinq malheureux dans le deuil et le dénûment, voilà les représentants que la victime laissait sur terre pour réhabiliter sa mémoire. Ils ne firent rien, ils ne pouvaient rien faire.

Au défaut de la famille impuissante, terrassée, anéantie, un témoin ne tarda guère à se lever pour déposer en faveur de

surques, le Directoire (le 18 octobre 1796) adressa au conseil des Cinq-Cents un message où on lit : « *Lesurques, s'il est innocent, doit-il périr sur l'échafaud, parce qu'il ressemble à un coupable? Citoyens représentants, le Directoire appelle votre attention sur cet objet, et vous fait observer qu'il n'y a pas un moment à perdre, puisque* demain matin *le jugement à mort doit être exécuté.* »

Aussitôt, deux députés, Bailleul et Guérin, firent adopter la proposition d'un sursis et la nomination d'une commission de trois membres pour étudier l'affaire. Organe de cette commission, le citoyen Siméon, dans un rapport d'une partialité et d'une perfidie révoltantes, conclut *au bien jugé* et proposa tout simplement l'ordre du jour, qui fut adopté, malgré les incidents nouveaux, les nouvelles déclarations, les nouveaux mémoires qui arrivaient en foule pour démontrer l'innocence de Lesurques. *Le jury* nouveau-né, était menacé d'un fâcheux discrédit par la démonstration de son erreur. A l'autorité du jury fut sacrifiée la tête de Lesurques. « *Périsse le monde plutôt qu'un principe!* » Telle était sans doute la règle de conduite de M. Siméon; nous allons voir par la suite qu'il s'y conforma jusqu'à sa mort avec une opiniâtreté inexorable.

2

Lesurques, témoin désintéressé, s'il en fut, témoin suscité par la Providence ! Sa voix aurait dû éclater dans le monde comme un coup de tonnerre : elle fut étouffée sur-le-champ, et l'*erreur* ici va se perpétuer par le CRIME !

1796
—
8 novembre.

NEUF JOURS après la sanglante exécution, arrivait de Besançon à Paris une longue lettre, qui commençait ainsi :

« *Je viens de lire votre rapport sur l'affaire du malheureux Lesurques, condamné pour l'assassinat du Courrier de Lyon. Mon cœur est navré.* IL EST INNOCENT ! »

A la fin de cette lettre, l'auteur, après avoir démontré jusqu'à la dernière évidence que l'on avait pris et tué Lesurques au lieu de Dubosc, exprimait ainsi sa douleur et sa conviction profondes :

« *Le sort de Lesurques m'arrache des larmes. Quelle victime des erreurs de l'humanité !* MAIS, S'IL SE PEUT, TRAVAILLEZ A LA RÉHABILITATION DE SA MÉMOIRE; *ce sera la stérile consolation de sa famille...* »

L'honnête homme qui écrivit cette lettre se nommait M. Jarry, ancien juge de paix à Besançon. L'homme à qui cette lettre était adressée était le citoyen Siméon, député aux Cinq-Cents, magistrat déjà célèbre, qui venait *de demander, de décider, de précipiter la mort de l'innocent*, qui venait de sacrifier la tête de Lesurques à la réputation en péril du jury, institution naissante et fragile encore, unique objet de sa tendresse jalouse et de ses soins paternels.

« IL EST INNOCENT !... TRAVAILLEZ A LA RÉHABILITATION DE SA MÉMOIRE !...

Ce que M. Siméon éprouva en lisant ces mots, et ce qui se passa dans son âme, Dieu seul le sait ; mais ce que nul n'ignore, le voici :

LE CHALEUREUX APPEL DE M. JARRY NE TROUVA POINT D'ÉCHO, ET SA LETTRE, SA TERRIBLE ET PRÉCIEUSE LETTRE RESTA ABSOLUMENT INCONNUE PENDANT TRENTE-SEPT ANS. ELLE NE FUT TIRÉE QU'EN 1833 DES CARTONS DU MINISTÈRE DE L'INTÉRIEUR PAR M. LE COMTE DE MONTALIVET, QUI LA TRANSMIT ALORS AU GARDE DES SCEAUX.

C'est ainsi que le bourreau s'acquitta envers sa victime, et nous verrons par la suite comment *il travailla à la réhabilitation de sa mémoire.*

A celui que l'histoire officielle a nommé homme sage, profond jurisconsulte, habile orateur et magistrat intègre, au fonctionnaire républicain qui devint tribun sous le Consulat, préfet, conseiller d'état, rédacteur du *Code civil* sous l'Empire, ministre de la justice, ministre de l'intérieur, pair de France, enfin premier président de la Cour des comptes, sous la Restauration et la dynastie de Juillet, au COMTE JOSEPH-JÉROME SIMÉON, (1) l'histoire indépendante et véridique

(1) Il faut voir avec quel embarras ses panégyristes eux-mêmes touchent à cette période de sa biographie ; il faut voir leur discrétion prudente et les timidités de leur dialectique incertaine ; ils ne célèbrent plus, ils *défendent* leur héros ; on sent qu'ils voudraient glisser sur ce point délicat. Qu'on en juge par un extrait du *Moniteur* du 19 mars 1843. M. le comte Portalis chargé de l'oraison funèbre de son collègue, s'exprime ainsi :

.... « On avait cru que l'institution du jury suffisait à tout en matière cri-
» minelle et l'on avait aboli le droit de grâce. Tout à coup un bruit se répand,
» qui saisit d'effroi toutes les âmes. Victime d'une erreur irréparable, un ci-
» toyen est signalé au conseil des Cinq-Cents comme prêt à payer de sa vie sa
» funeste ressemblance avec un coupable. Cédant au cri de l'humanité, sans se
» préoccuper des limites de ses pouvoirs, le conseil surseoit à l'exécution. Il
» fallait pourvoir aux conséquences d'un tel acte. Une commission fut formée ;
» Siméon fut l'organe de cette commission. CE DUT ÊTRE AVEC UNE ÉMOTION
» DOULOUREUSE QU'IL ACCOMPLIT UN DEVOIR RIGOUREUX ET QU'IL SE VIT
» CONTRAINT *d'établir dans deux rapports successifs que l'évidence de*
» *l'erreur de fait dont le condamné se prévalait, et qui seul aurait pu*
» *ébranler la vérité légale résultant de la déclaration des jurés, ne résul-*
» *tait point des pièces produites. Il démontra qu'il existe une incompati-*
» *bilité naturelle et invincible entre l'instruction toute verbale et le débat*
» *oral qui ont lieu devant le jury, et la révision du jugement intervenu*
» *à la suite de cette instruction et de ce débat, qui n'a d'autres bases que*
» *l'impression momentanée et la conviction qu'ils ont produite dans*
» *l'âme des jurés.* »

Que vous semble de ces pitoyables raisons présentées en pitoyable prose ? Que voyez-vous à travers les pesants nuages de ce style technique, de ce patois judiciaire ? Que dégagez-vous de tous ces mots solennels, pleins de bruit, vides de sens, hypocrites et savamment entortillés comme pour fatiguer et endormir l'attention d'un auditoire ? A pauvre cause, pauvre avocat ! Obligé de faire une allusion quelconque aux attaques victorieuses tant de fois dirigées depuis 1796

attribuera, dans les malheurs de la famille Lesurques, une responsabilité immense, formidable, accablante ! Depuis soixante-cinq ans sa néfaste influence s'est exercée directement ou indirectement sur les destinées de cette famille coupable de l'innocence de son chef ! Nous avons suivi pas à pas la marche occulte de l'intrigue bientôt séculaire. Dans les incidents divers de cette tragédie lugubre, nous avons partout retrouvé la même main invisible et présente. Nous croyons l'heure venue de déchirer tous les voiles, d'enlever tous les masques et d'instruire hardiment le tardif procès d'un faux Aristide, par

contre le rapport de Siméon, M. Portalis esquive les difficultés et se tire lestement d'affaire par de commodes affirmations :

— « Sousl'Empire, dit-il, et sous la Restauration, la famille du condamné
» *que la compassion du conseil des Cinq-Cents n'avait pu sauver*, solli-
» cita un nouvel examen de jurisconsultes célèbres. Des magistrats expéri-
» mentés furent mis à l'œuvre et *le rapport de l'un d'eux, qui siége* avec hon-
» neur dans cette enceinte (Chambre des pairs), est UN MODÈLE D'ANALYSE ET
» DE DISCUSSION. TOUS D'UN COMMUN ACCORD RENDIRENT HOMMAGE A LA
» SAGESSE DE SIMÉON ET A LA JUSTESSE DE SES CONCLUSIONS. »

A la bonne heure, voilà parler avec aplomb de ce qu'on ignore, ou *mentir* avec une parfaite aisance ! Nous retrouverons plus loin M. Zangiacomi et SON MODÈLE D'ANALYSE ET DE DISCUSSION ; M. de Salgues nous démontrera ce qu'il en faut penser. Mais M. Portalis fait vraiment trop bon marché de la vérité et s'expose bien gratuitement au plus formel, au plus nécessaire démenti, quand il ose déclarer que « TOUS LES MAGISTRATS D'UN COMMUN ACCORD RENDIRENT HOMMAGE A LA SAGESSE DE SIMÉON ET A LA JUSTESSE DE SES CONCLUSIONS. »

Entraîné par son enthousiasme de commande, il oublie, sans doute, que MM. Daubanton, Merlin de Douai, de Belleyme et Doué-d'Arcq, — (entre autres défenseurs de la mémoire de Lesurques), — étaient aussi des magistrats, et des magistrats expérimentés. Il oublie surtout qu'en 1821, LUI-MÊME, comte Portalis, faisait partie, avec MM. le comte Molé, le duc de Saint-Aignan, le comte de Castellane, le vicomte de Montmorency, d'un comité de Pairs, qui, par l'organe du comte de Valence, présenta le fameux rapport du 14 décembre. Ce rapport, — tout en plaidant les circonstances atténuantes en faveur des juges de Lesurques *trompés par des dépositions fausses et légères*, — proclamait hautement la « FUNESTE ERREUR » du jury de l'an IV.

Les orateurs officiels n'y regardent pas de si près ! En tout cas, M. Siméon était, ce me semble, beaucoup moins que M. Portalis, convaincu de sa sagesse propre et *de la justesse de ses conclusions.* » Voyez si la lettre suivante, lettre inédite, est d'un homme bien sûr de son droit et en parfait repos avec sa conscience. M. Siméon l'écrivit à M. de Salgues, lorsque celui-ci, ayant pour la première fois mis la main et jeté les yeux sur les pièces du procès Lesurques, s'apprêtait à publier le résultat de sa découverte :

« Monsieur, vous me faites l'honneur de me demander un rendez-vous rela-

qui le droit fut sciemment violé, par qui la vérité fut systéma-
tiquement méconnue. Nous n'eussions point troublé le som-
meil de ce trépassé, si, une heure seulement, nous eussions
vu fléchir son homicide orgueil; si, une heure seulement,
il se fût montré pitoyable à l'infortune dont il était cause, et
repentant de sa faute impunie; si, après avoir tué et déshonoré Lesurques, il n'avait, mort comme vivant, empêché *par
tous les moyens* une réparation qu'il savait mieux que personne
être juste et nécessaire. Mais il ne pouvait justifier Lesurques
qu'en s'accusant soi-même, et, pour n'avoir pas eu à propos
cette facile générosité, il a été entraîné par l'irrésistible logique du mal jusqu'à la prévarication, à l'endurcissement, à
l'impénitence finale. Retournons donc contre lui ce glaive de
la justice dont il a mésusé!

---

tivement à l'affaire du sieur Lesurque *(sic) sur laquelle* vous m'adressez
une notic², et en faveur *de qui (sic)* vous vous proposez de publier un mé-
» moire tendant à révision de son procès et à réhabilitation de sa mé-
» moire. Je pense que je ne saurais vous donner d'autres renseignements sur
» cette affaire que ce que j'ai écrit, il y a déjà bien longtemps, dans les deux
» rapports que je fus chargé de faire au conseil des Cinq-Cents. Je les ferais
» encore de même, *s'il n'est pas survenu depuis de plus fortes preuves*
» *d'innocence. S'il y en a, j'applaudis au zèle et aux talents qui les feront*
» *valoir et qui démontreront une de ces erreurs heureusement rares des*
» *tribunaux, dans lesquelles la faiblesse humaine et souvent la difficulté*
» *de reconnaître la vérité les font tomber. Cette erreur n'ayant pas été*
» *démontrée à l'époque où je fis mon rapport, mes collègues et moi ne*
» *pouvions proposer de la corriger.* Je ne pense pas avoir autre chose à vous
» dire; mais je serai toujours flatté d'avoir l'honneur de recevoir un homme
» de lettres aussi distingué que vous. Ce sera demain de onze heures à midi,
» si cela peut vous convenir. — Agréez, je vous prie, Monsieur, l'assurance de
» ma considération distinguée.   Vendredi, 14 décembre 1821.

J. Siméon. »

Homme excellent! Homme sincère! Tandis qu'il *applaudit au zèle et aux*
talents qui feront valoir les preuves de l'innocence de Lesurques, tandis
qu'il encourage M. de Salgues, il s'empresse d'envoyer à M. Delavau, alors
directeur général de la police, l'ordre secret de *faire arrêter l'écrit de l'hon-*
nête littérateur et de MENACER D'INCARCÉRATION, OUTRE M. DE SALGUES, LA
FILLE AÎNÉE, LA NOBLE FILLE DE LESURQUES. — N'est-ce pas là, en effet, la
conduite d'un homme de bien qui appelle la lumière et désire la démonstration
de l'erreur?

<table>
<tr><td>1800
4e année.</td><td>En admettant que la lettre de M. Jarry eût laissé quelques doutes dans l'esprit de M. Siméon, comment ses yeux prévenus demeurèrent-ils fermés à l'évidence, le 5 nivôse de l'an IX ?</td></tr>
</table>

Ce jour-là, quatre ans après la mort de Lesurques, son funeste Sosie, convaincu d'avoir aidé et assisté au meurtre du Courrier de Lyon, déclaré coupable à l'unanimité par le jury, JEAN-GUILLAUME DUBOSC fut exécuté à Versailles.

Qui avait cherché, découvert, saisi ce brigand ? Les limiers de la police, lancés et soldés par l'État ? Non pas, mais les agents particuliers d'une police spéciale, improvisée, et que payaient de leurs deniers deux hommes animés de la passion du bien, MM. Daubanton et l'ingénieur Eymery (1). (Notez ce détail ; les plus minces ont ici leur valeur.)

SI DUBOSC ÉTAIT COUPABLE, APPAREMMENT LESURQUES PRIS POUR DUBOSC ÉTAIT INNOCENT.

Merveilleuse occasion pour M. Siméon de reconnaître son erreur, pour les tribunaux de révoquer l'injuste sentence, pour la famille de demander la révision du procès.

Pauvre famille, elle n'y songeait guère ! La mère de Lesurques était morte, sa femme folle, ses enfants en tutelle, et personne n'intervint à eu r place. M. Siméon put prendre quelque repos !

1804
8e année.

Ce fut seulement en 1804, après l'exécution de Louis Béroldi, le dernier mort des assassins du courrier Excoffon, que la veuve de Lesurques, ayant enfin recouvré la raison, et M. Lesurques, son cousin, au nom des enfants mineurs, tentèrent les premières démarches pour obtenir la réhabilita-

---

(1) M. Daubanton, juge de paix de la section du Pont-Neuf en 1796, le premier qui instruisit l'affaire de Lieursaint, le premier qui fut trompé par les apparences, le *seul* qui, ayant reconnu son erreur, eut aussitôt le courage de la publier et la gloire de la réparer. — M. Eymery, ce témoin du procès de l'an IV qui, invité, suivant la formule, à parler *sans haine*, avait si fermement répondu : — « Oui, citoyen président, je parlerai *sans haine* et SURTOUT SANS CRAINTE, malgré tout ce qu'on fait ici pour l'inspirer aux témoins !

tion de la pauvre victime, dont Béroldi, à sa dernière heure, venait d'attester une fois de plus et de démontrer la complète innocence. Ils sollicitèrent la communication des pièces du procès, annonçant l'intention de se pourvoir en révision.

Savez-vous ce qu'on osa répondre à cette requête? A la veuve, au cousin, aux enfants du condamné, on répondit, le 9 fructidor an XII : 1° *Vous n'êtes point partie au procès*, VOUS N'AVEZ ICI NI QUALITÉ NI INTÉRÊT! 2° *Les principes de notre législation en matière criminelle n'autorisent point les demandes en révision.* »

Ces paroles dérisoires, sont tirées textuellement de la lettre d'un M. Giraudet, procureur impérial à Versailles, le même qui avait figuré au même titre dans les procès de Vidal, de Dubosc et de Béroldi. Au bout de quatre jours, la Cour de Versailles rendit un arrêt conforme aux conclusions de cet étrange dialecticien, que nous retrouverons tout à l'heure.

———

1806
—
10ᵉ année.

Aux incroyables assertions que nous venons de citer, hâtons-nous d'opposer le noble langage qu'un avocat Mᵉ Caille et l'honorable M. Daubanton adressèrent, en 1806, à l'empereur Napoléon :

« *La réhabilitation d'un innocent condamné et exécuté est de droit public.* S'IL N'EXISTE PLUS DE LOI QUI RÈGLE LES FORMES A SUIVRE POUR Y PARVENIR, UNE LOI PEUT ÊTRE FAITE. »

Vivement ému des termes de la requête, l'Empereur demanda sur-le-champ un rapport au duc de Massa. La famille crut alors toucher à une solution ; mais elle comptait sans cette puissance mystérieuse qu'on pouvait encore nommer *le hasard*, mais que, mieux instruits maintenant, nous nommons sans hésitation L'INTRIGUE ET LA COMPLICITÉ.

Les bienveillantes intentions de l'Empereur et de son Grand-Juge furent à l'instant même paralysées.

Devine-t-on qui fut chargé du rapport demandé par Napoléon? — Précisément ce M. Giraudet, que nous avons vu à l'œuvre en 1804. Ce loyal justicier, qui avait fait condamner Dubosc, Dubosc, *l'homme à la perruque blonde*, Dubosc, le

Ménechme de Lesurques, NIA, OSA NIER QU'IL EUT JAMAIS ÉTÉ FAIT CONFUSION DE PERSONNES , et conclut au rejet de la demande en révision !

1809
—
13e année.

En 1809, un nouveau rapport ordonné par l'Empereur, fut composé par un jeune magistrat qui devait se faire plus tard un grand nom et une grande position, **M. de Belleyme**. Ce travail démontrait l'innocence de Lesurques. Que devint-il ? Il resta dans les oubliettes d'un ministère et n'eut aucun effet.

1810
—
14e année.

En 1810, rappelons un propos digne de mémoire. On voulait appliquer à la dotation du Sénat les biens injustement confisqués à Lesurques, et les attribuer spécialement à la sénatorerie du comte Jacqueminot :

« — JE RESPECTE TROP LE MALHEUR , s'écria-t-il , POUR
» RECEVOIR DES BIENS ENTACHÉS DU SANG D'UN INNOCENT. IL
» FAUT LES RESTITUER A LA FAMILLE DE LA VICTIME ! »

Ainsi repoussées, un moment proposées *à la dotation de* LA LÉGION D'HONNEUR, ces dépouilles ensanglantées furent définitivement adjugées au fisc qui jamais ne se piqua de sensibilité.

1811
—
15e année.

Un matin de 1811, la fille aînée de Lesurques et son jeune frère, âgé de 18 ans, se rendirent dans la grande cour des Tuileries pour présenter une supplique à l'Empereur qui passait une revue des troupes. Grâce à l'entremise de quelques officiers supérieurs, ils parvinrent auprès du souverain, qui leur dit :

— « Bien, mes enfants! Revenez dans trois jours et je
» vous répondrai. »

Au jour indiqué ils revinrent pleins d'espérance. Mais le

grand capitaine, alors si préoccupé des apprêts de la guerre et du départ des troupes, leur répondit assez brusquement :

— « Je me suis fait rendre compte de votre réclamation : » elle n'a pas été trouvée fondée; je ne puis donc vous accor- » der ce que vous me demandez.

— » Sire, répartit Mlle Mélanie Lesurques, on vous a » trompé, et vous le reconnaîtrez plus tard.

— » Sire, souffrez que j'aille de ce pas m'engager dans un » de vos régiments, dit à son tour le jeune Lesurques, et » quand je me serai distingué sur le champ de bataille, je » me présenterai de nouveau devant vous. »

Cet enfant prit aussitôt du service dans les hussards, partit pour la Russie, et y mourut.

Pendant tout le premier Empire, on le voit, le mauvais génie, veillant dans l'ombre, guettait la vérité au passage !

1814
8e année.

Avec un gouvernement nouveau nouvel espoir, démarches nouvelles; mêmes résultats d'abord.

Supplié de communiquer les pièces du procès, M. Dambray, ministre de Louis XVIII, renvoie la requête à M. Legoux, procureur général, qui en réfère au procureur de Versailles. Ce procureur était encore le consciencieux Giraudet. Cette fois il *certifia que* LA COOPÉRATION *de Lesurques à l'assassinat du courrier de Lyon* ÉTAIT DE LA DERNIÈRE ÉVIDENCE !! Ainsi renseigné, M. Legoux répondit à M. Dambray « *qu'il y aurait trop d'inconvénients à communiquer les pièces,* » et tout fut dit.

1816
0e année.

Lors du second retour des Bourbons, le duc de Berry traversant Douai, patrie de Lesurques, reçut les notabilités de la ville, qui le supplièrent de faire rendre à la pauvre famille une maison confisquée avec le reste de ses biens, et que nul ne voulait ni habiter ni acheter, la considérant comme *la propriété de la veuve et de l'orphelin*. Le duc de Berry obtint cette petite restitution qui eut lieu en 1817.

1821
—
25ᵉ année.

Nous voici en 1821. VINGT-CINQ ANS se sont écoulés depuis la mort de Lesurques ; DEPUIS VINGT-CINQ ANS, cent témoignages éclatants ont révélé son innocence ; DEPUIS VINGT-CINQ ANS on demande la révision de son procès, ET PERSONNE ENCORE, PERSONNE N'A MÊME PU JETER LES YEUX SUR LES PIÈCES DE CE PROCÈS. ELLES SONT ENFERMÉES, ENFOUIES, INACCESSIBLES DANS LE GREFFE DE LA COUR DE VERSAILLES, ET L'ENTRÉE DE CE GREFFE INTERDITE A TOUS EST SOIGNEUSEMENT GARDÉE !

Il fallut la puissante intervention d'un magistrat honnête homme pour ouvrir enfin cet impénétrable dépôt.

En 1821, M. Bellart, procureur général, indigné de si longs dénis de justice, autorisa un homme de cœur, un littérateur distingué de ce temps, **M.** de Salgues, à consulter pour la première fois ces poudreuses archives, d'où la vérité allait jaillir brillante d'un nouvel éclat.

---

7 novembre 1821.

Dès le 7 novembre, M. de Salgues, étant remonté aux sources si longtemps cachées, avait rédigé en toute hâte sur l'ensemble de l'affaire une lumineuse notice qu'il répandit à profusion dans Paris. Il crut de son devoir et *de l'intérêt de ses clients* d'adresser un exemplaire de son travail au rapporteur de l'an IV, alors comte Siméon et ministre de l'intérieur. Les gens d'honneur ont de ces naïvetés ! mais « *Oderunt mali lucem !* » (1) dit l'Écriture. M. Siméon n'était pas un méchant, peut être, mais un orgueilleux qui ajoutait à tous ses torts celui de n'en vouloir confesser aucun ! Au lieu de se rétracter, de s'humilier noblement et de *travailler à la réhabilitation d'une mémoire* à laquelle la *Notice* rendait hommage, il parut si courroucé qu'on osât mettre en doute l'infaillibilité de la justice humaine et sa propre sagesse, qu'il traita l'écrit de M. de Salgues comme un libelle séditieux. Il en ordonna le renvoi au directeur général de la police, lui *enjoignant* en

(1) « *Les méchants haïssent la lumière.* »

outre de menacer d'une arrestation les infortunés débris de la famille Lesurques, la veuve et les deux filles de la victime. Dieu merci, M. Delavau était un fonctionnaire consciencieux et éclairé. Il sut désobéir ; loin d'intimider trois pauvres femmes, il s'appliqua à les rassurer et leur donna même des éloges, des consolations et des encouragements (1).

Avec sa *Notice*, M. de Salgues présenta aux deux Chambres une pétition que M. de Serre, garde des Sceaux, combattit vainement par les lieux-communs ordinaires tirés de l'état actuel de la Législation. La pétition fut accueillie à la fois par les deux Chambres.

----

décembre 1821. Le 14 décembre, à la Chambre des pairs, au nom d'un Comité où figuraient MM. le comte Molé, le comte Portalis, le duc de Saint-Aignan, le comte de Castellane et le vicomte Mathieu de Montmorency, — le rapporteur, le comte de Valence, dans un discours célèbre, déclara formellement que l'arrêt de l'an IV était ENTACHÉ D'UNE FUNESTE ERREUR, que l'innocence du condamné, « RECONNUE ET PROCLAMÉE PAR LE GRAND JURY DE L'OPINION PUBLIQUE, » exigeait la révision du jugement et la réhabilitation officielle (2).

décembre Le 15 du même mois, à la Chambre des députés, — au nom d'une commission composée de MM. Bazire, le comte de Riocourt, le comte de Salaberry, le vicomte Donnadieu, le comte de Bernis, le vicomte Héricart de Thury, le comte Rolland d'Erceville, Barthe-Labastide, — le rapporteur, M. le comte de Floirac, député de l'Hérault, affirmant que « JAMAIS

(1) Non moins loyale et non moins naïve que M. de Salgues, Mlle Mélanie Lesurques songea un moment aussi à invoquer l'appui du comte Siméon Elle se présenta chez lui : mais quand un valet ouvrit la porte pour l'annoncer, M. Siméon qui se trouvait adossé à la cheminée de son salon, au seul nom de la visiteuse, fit un geste d'humeur et s'esquiva dans une chambre voisine. Rien de timide comme une conscience troublée ! La fille du supplicié dut se retirer sans avoir été reçue.

(2) Il faut lire dans le *Moniteur* l'émouvante discussion du 13 avril 1822, à laquelle prirent part le comte de Lacépède, le marquis de Lally-Tollendal, M. de Cazes, le duc de Broglie, M. Lanjuinais, — et M. Siméon, toujours aux aguets, toujours sur la défensive !

Pour le malheur des Lesurques, leur noble protecteur, M. de Valence, mourut deux mois après cette belle séance.

L'INNOCENCE D'UN PRÉVENU NE FUT MIEUX PROUVÉE, » cȯncluait à la nécessité « D'UNE RÉPARATION SOLENNELLE. » Vœu partagé alors et déjà exprimé, hors des Chambres, par le président du Conseil, duc de Richelieu, et par le ministre des affaires étrangères, duc Pasquier ; vœu sacré, cher à tous les hommes sincères et que le duc de Berry allait porter au roi Louis XVIII, lorsqu'il fut frappé par le couteau de Louvel !

Ce ne fut qu'à partir du jour où M. Bellart ouvrit le greffe de Versailles, que l'on put commencer avec quelque chance de succès la rude entreprise de la réhabilitation, et, qu'on le remarque, *sur les* **65** *années dont nous avons à rendre compte, en voici déjà* **25** *écoulées en pure perte.*

1822
—
26e année.

Après avoir examiné, étudié les pièces du procès, M. de Salgues fit paraître, en **1822**, son « *Mémoire au Roi, pour le sieur Joseph Lesurques,* » avec cette épigraphe terrible : « LES SCÉLÉRATS REDOUTENT LA JUSTICE, LES HONNÊTES GENS REDOUTENT LES JUGES ! » Nous aimerions à suivre ici M. de Salgues dans les détails de sa vaillante lutte commencée contre le comte Siméon, continuée contre le baron Zangiacomi, collègue et ami de Siméon. Rappelons seulement quelques faits :

Tandis qu'un rapport officiel composé par M. Doué-d'Arc, procureur du Roi à Versailles, arrivait à cette conclusion loyale : « *J'ai obtenu la douloureuse conviction que Lesurques a péri victime d'une fatale erreur ;* » un autre rapport sophistique et partial de M. Zangiacomi, ayant reproduit les pitoyables arguments du rapporteur de 1796, conclut au rejet pur et simple de la demande de la femme et des enfants Lesurques, et ces conclusions furent adoptées sans contrôle par le conseil d'État. (1)

(1) Toujours confiante et crédule, la fille aînée de Lesurques avait fait visite à M. Zangiacomi. Cet habile homme, qui, dit-on, composa en même temps deux rapports, l'un *pour*, l'autre *contre* la victime, avait pris son air le plus gracieux pour dire à l'orpheline : « *Je suis heureux d'être chargé d'une tâche si honorable et de pouvoir procurer une douce consolation à une famille qui a tant souffert des erreurs des hommes !!!* »

*1823
e année.*

C'est alors que M. de Salgues écrivit son éloquente *Réfutation du rapport de M. le baron Zangiacomi ;* alors aussi se manifesta, par un premier succès, la généreuse intervention d'un autre vengeur non moins utile et non moins désintéressé, qui venait de prendre en main la cause de la famille Lesurques, et qui, à cette heure même, après 40 années, soutient encore cet interminable combat de la vérité contre l'erreur, du droit contre l'iniquité : nous avons nommé M. Louis Méquillet père, aujourd'hui subrogé-tuteur des petits-enfants de Lesurques.

En présence des obstacles insurmontables opposés à toute tentative directe de réhabilitation judiciaire, M. Méquillet eut la pensée de prendre un chemin de traverse pour avancer vers ce but qui semblait s'éloigner chaque jour. Ne pouvant obtenir une réparation complète, il poursuivit une réparation partielle, et négligeant pour un temps la question principale, il souleva une question acccessoire, dont la gravité était immense encore.

Il écarta momentanément la discussion sur l'innocence du condamné de l'an IV et se borna à démontrer que, Lesurques fût-il coupable, le Trésor avait injustement confisqué *toute* sa fortune. A la suite des réclamations portées à ce sujet au ministre des finances, le fisc reconnut son erreur et,

*décembre
1023.*

le 31 décembre 1823, ayant réglé la liquidation et *retenu* 75,000 *francs de réparations civiles,* il restitua aux héritiers la somme de 224,815 francs. Indemnité considérable, mais tout à fait insuffisante ; en bonne justice, le Domaine qui depuis 27 ans détenait indûment 12,000 francs de rente, devait, en 1823, rendre au moins *un million de francs,* et les Lesurques protestèrent qu'on leur faisait tort de plus de moitié.

Toutefois, rentrés dans une somme de 224,000 francs, ils échappent à la misère, ils vont pouvoir vivre, ils vont pouvoir reprendre le dur travail de la réhabilitation. Retirés dans une humble pension bourgeoise, ils viennent de payer les dettes considérables contractées à des taux exorbitants dans les précédentes années, et se disposent à continuer leur œuvre pieuse, lorsqu'un nouveau coup du sort, ou plutôt UN NOUVEAU CRIME DES HOMMES vient les rejeter dans la détresse, l'impuissance et l'ignominie.

1823-1829
—
27e–33e années

Ce triste épisode de huit années a été raconté avec quelque développement dans notre écrit du 6 mars 1861. Nous y avons montré l'abominable trame de la marquise de Folleville et du sieur Coute, son agent, l'opposition par eux mise au Trésor sur les revenus des 224,000 francs, le long procès engagé à ce propos à Paris, *les erreurs multipliées des magistrats*, les perfidies de l'attaque, le découragement de la défense un instant désarmée, la scélératesse triomphant avec une insolence cruelle, l'honnêteté méconnue, humiliée, outragée, jusqu'au jour marqué par Dieu où un hasard imprévu fait éclater la fourberie des uns et l'innocence des autres, et prouve que, SUR LA FOI D'UN TITRE GROSSIÈREMENT FALSIFIÉ, LES TRIBUNAUX DUPÉS PAR DES FRIPONS ET DES FAUSSAIRES, ONT ENCORE RENDU DEUX JUGEMENTS ERRONÉS ET DEUX ARRÊTS INIQUES CONTRE UNE FAMILLE DÉJA TANT DE FOIS FRAPPÉE PAR L'INCROYABLE AVEUGLEMENT DE LA JUSTICE.

1830
—
34e année.

Cette fois, du moins, la famille, ayant gagné sa cause, obtient-elle une satisfaction complète ? Nullement. Les faussaires démasqués sont déboutés de leurs prétentions. Mais, anomalie étrange parmi tant d'autres, la Cour qui reconnaît leur crime n'accorde point les dommages-intérêts que lui demande la juste indignation de l'avocat général, M. de Vaufreland. Les Lesurques ont donc sauvé leur honneur, mais ils sont tombés plus bas que jamais dans la pauvreté. L'opposition mise au Trésor a, depuis *huit ans*, tari la seule source de leurs revenus; ils ont dû, pendant *huit ans*, payer les frais de la procédure et fournir aux besoins de *trois ménages*. Leur cause gagnée, ils ne recouvrent pas une obole !... *Pendant huit ans* de luttes et de privations indicibles, ils n'ont pu naturellement s'occuper que du procès Folleville. Quant à la réhabilitation, il n'y fallait point songer, il n'en fallait même pas parler, tant l'ennemi victorieux avait détruit leurs ressources, absorbé leur temps et leurs soins, ruiné leur crédit, enfin paralysé ou aliéné les sympathies publiques auparavant éveillées en leur faveur.

Lors donc que le scandaleux procès se termine à leur avantage, non seulement leur bourse se trouve complétement épuisée, mais encore il sont accablés de dettes, et jamais ils ne se virent plus près du fond de l'abîme !

1832
—
année.

Trois années de démarches actives (1832–1835) amenèrent une deuxième réparation partielle. M. Méquillet, poursuivant la seule voie ouverte aux droits des victimes, continuait ses réclamations financières. Le 19 septembre 1834, il obtint un second règlement de compte. Pour cause d'erreur reconnue dans la liquidation de 1823, une seconde restitution de 252,100 francs fut accordée par un ministre des finances, homme de sens et de cœur, une des plus nobles figures qui paraissent pour la consolation des honnêtes gens, dans ce lamentable drame de 65 années.

---

mai 1835
—
e année.

La séance du 11 mai 1835 à la Chambre des députés restera l'éternel honneur de M. le baron Humann : il montra plus que de l'équité, il montra du courage et, triomphant d'une opposition puissante et d'une plus puissante indifférence, il prouva et fit cesser *l'erreur administrative qui avait dépouillé la famille Lesurques*.

De 1833 à 1846 on commence à travailler, réellement et directement, à la réhabilitation judiciaire du condamné ; cette période est marquée par de brillants plaidoyers et des démonstrations mémorables.

En 1833, la mémoire de l'innocent avait été vivement défendue à la Chambre des députés, dans le rapport de M. Merlin (de l'Aveyron), qu'appuyèrent MM. Fulchiron, de Salverte, de Laborde et de Belleyme, et la Chambre avait adopté les conclusions de M. Merlin, formulées en ces termes catégoriques : « QUAND LA NOTORIÉTÉ ET L'ÉVIDENCE CONSTATENT L'ERREUR » DE LA CONDAMNATION, QUAND L'INNOCENT A PÉRI, SA MÉMOIRE, » SA FORTUNE, SON HONNEUR NE DEVRAIENT PAS AVOIR PÉRI » AVEC LUI. »

L'honorable M. de Belleyme avait alors ajouté ces remarquables paroles :

« MA CONVICTION SUR L'INNOCENCE DE LESURQUES EST PRO- » FONDE ; *elle date de 1809, époque à laquelle, comme avocat* » *et réuni à plusieurs de mes confrères, nous avons présenté un* » *mémoire à l'Empereur. De plus, à Versailles où j'étais* » *procureur du Roi, et à Paris, j'ai examiné avec attention* » *toutes les pièces de cette malheureuse affaire. Depuis, de nou-* » *veaux efforts ont été faits par divers avocats pour faire* » *triompher les droits de la famille Lesurques, et* MA CONVIC- » TION EST PLUS ÉCLAIRÉE ET PLUS FORTE ENCORE. »

En 1834, la Chambre des députés applaudissait encore le rapport non moins clair, non moins pressant, où M. Emmanuel Poulle, député du Var, exprimait cette réflexion si juste, si simple et si effrayante : « *L'erreur commise envers un ci-* *toyen semble menacer l'existence de tous les autres. La société* *tout entière doit donc s'alarmer, quand un de ses membres* *périt victime d'une erreur judiciaire.*

« Croira-t-on, ajoutait-il, *que, dans le pays de l'Europe,* *qui se vante d'être à la tête de la civilisation,* IL N'EXISTE AUCUNE LOI POUR RENDRE A L'HONNEUR ET AU RESPECT DES VIVANTS LA MÉMOIRE D'UN CITOYEN QUE LE GLAIVE DES LOIS A INJUSTEMENT FRAPPÉ ? »

En 1835, nous venons de voir avec quelle vigueur cette thèse générale fut soutenue à la Chambre des députés par M. le baron Humann, et d'autres orateurs de mérite, à propos d'un débat spécial sur un article du budget.

En 1845, le Trésor détenant encore, capital et intérêts, la somme de 54,325 fr. 35 c., montant du vol fait au Courrier de Lyon, M. Méquillet continuait ses opiniâtres réclamations.

À cette date, la députation du Nord présenta au Conseil des ministres une requête célèbre, où nous lisons ce qui suit :

« *Depuis que l'innocence du malheureux Lesurques,* MATHÉMATIQUEMENT DÉMONTRÉE EST DEVENUE UN FAIT PUBLIC ET PATENT... *toutes les députations du Nord, touchées d'une pareille infortune, n'ont cessé d'en réclamer la juste réparation en faveur des enfants Lesurques... Nous pensons, messieurs les ministres,* FAIRE UN ACTE CONSCIENCIEUX DE HAUTE MORALITÉ *en recommandant d'une manière expresse à votre bienveillance et à votre justice la malheureuse famille Lesurques.* NOUS VOUS PRIONS DE LUI RENDRE L'HONNEUR ET LE REPOS QU'ELLE NÉ CESSE DE SOLLICITER AVEC UNE SI LOUABLE ET SI PIEUSE PERSÉVÉRANCE. *Nous avons su qu'une correspondance est engagée dans le but d'aviser à cette réparation, entre M. le ministre de la justice et M. le ministre des finances, et qu'ils songent notamment à faire cesser l'odieuse confiscation qui pèse sur la famille. Nous espérons qu'un acte de haute justice, dont vous aurez tout l'honneur, reconnaîtra des droits si légitimes et viendra satisfaire à de si justes réclamations !* »

Cette pétition des députés du Nord, signée et appuyée par 230 autres députés, fut déposée le 1er juillet 1845, aux mains de M. le maréchal Soult, président du Conseil ; le double fut remis au roi Louis-Philippe, et *le précieux autographe, encore conservé par M. Méquillet*, porte 230 signatures ; il en porterait 450 si la fin de la session n'eût mis trop tôt un terme aux démarches qu'il fallait faire individuellement auprès de chaque membre de la Chambre.

———

Le 19 février 1846, M. H. Corne, un des députés du Nord, écrit au garde des sceaux une lettre où il supplie le ministre d'agir promptement en faveur des héritiers Lesurques ; il parle, dit-il, au nom de tous ses collègues et aussi au nom de l'admirable fille du supplicié, la courageuse madame Danjou, qui, montant en voiture pour aller entretenir M. de Belleyme de l'unique objet de ses pensées, vient de faire une chute grave, de se casser un bras et de s'aliter pour deux ou trois mois.

Trois semaines après, M. Martin (du Nord), répond à M. Corne :

« Ce n'est pas à moi d'intervenir : les héritiers Lesurques doivent s'adresser à M. le ministre des finances, pour qu'il examine les moyens de faire droit, s'il est possible, à leur demande. »

Le 23 mars, M. Corne s'adresse à M. Lacave-Laplagne qui, le 4 avril, lui répond :

« Je ne pourrais prendre d'initiative qu'autant que j'y serais formellement invité par le ministre de la justice. »

—————

Pendant que l'infatigable député du Nord était ainsi renvoyé de Caïphe à Pilate, madame Danjou rétablie, sortait de la maison de santé, se remettait en campagne et signalait une dernière fois son dévouement filial. La mort allait arrêter sa douloureuse mission.

M. Méquillet, de son côté, obtenait de très importants résultats. Il était parvenu à réunir M. Martin (du Nord) et M. Lacave-Laplagne dans la résolution commune d'achever *financièrement* la réhabilitation de Joseph Lesurques.

7 mai 1846. Le 7 mai, par les ordres du Garde des sceaux, M. Faustin Hélie (alors sous-chef du bureau des grâces, et connu pour un de nos premiers écrivains en matière de droit), écrivait au ministre des finances une lettre qui l'invitait à terminer avec M. Méquillet tous les comptes de la famille Lesurques :

« Il s'agit, disait-il, de restituer à cette famille une dernière part des dépouilles qu'une ERREUR RECONNUE de la justice lui a enlevées. Déjà le gouvernement s'est associé avec empressement aux premières restitutions dont elle a été l'objet, et le même motif d'équité milite en faveur de cette nouvelle réclamation ; mais il me semble que le seul moyen d'y faire droit serait de proposer un crédit aux Chambres pour autoriser la restitution des sommes illégalement perçues, et que l'État ne doit point conserver dès qu'un doute sérieux plane sur la condamnation. »

—————

mai 1846. Cette lettre expédiée, M. Méquillet qui en connaissait le contenu, se présenta hardiment le 18 mai chez le ministre des finances. Jugez de sa déconvenue, quand M. Lacave-Laplagne, qui était fort sympathique aux Lesurques, lui déclara tristement qu'il ne lui était pas possible encore de satisfaire à leurs légitimes réclamations. Pourquoi? Parce que dans cette lettre, *dont les termes avaient été arrêtés par conventions expresses entre M. Méquillet et le Garde des sceaux,* celui-ci, réflexions faites à la dernière heure, avait substitué aux mots « ERREUR RECONNUE » ces deux autres : « ERREUR PROBABLE. »

Tout était donc à refaire ! Voyant la douleur de M. Méquillet, l'honnête M. Lacave-Laplagne crut devoir s'excuser :

— *Ne croyez pas,* dit-il, *que tout cela soit de mon fait,* et, ouvrant un tiroir qui contenait les sommes promises, *voici,* ajouta-t-il, *votre compte réglé et le montant de votre liquidation. Jugez du regret que j'éprouve à me voir de nouveau les mains liées. »*

M. Méquillet courut au ministère de la justice, où il apprit, de la bouche de M. Meilheurat, que le ministre *avait changé d'avis et ne trouvait plus* L'ERREUR DE LA JUSTICE SUFFISAMMENT PROUVÉE.

L'ami des Lesurques, ne se sentant pas le courage de leur annoncer cette affreuse nouvelle, voulut que Madame Danjou l'entendît de ses propres oreilles et l'amena au ministère, où M. Meilheurat eut la cruauté de lui dire : « NOUS NE SOMMES POINT CERTAINS, MADAME, QUE VOTRE PÈRE FUT INNOCENT. »

Ces terribles paroles frappèrent, comme un coup de poignard, le cœur de la pauvre femme qui, depuis quarante ans, n'en avait pas entendu d'aussi formellement contraires à ses plus chères espérances. Elle se retira affolée de douleur, tandis que M. Méquillet allait faire à M. Hélie la confidence de ce nouvel échec.

Un mois plus tard, Madame Danjou avait disparu; on chercha vainement sa trace pendant plusieurs jours. On finit par découvrir son corps dans la Seine; elle s'y était jetée du pont d'Austerlitz, et, comme si quelque main vengeresse eût arrangé les moindres situations de cette tragédie funèbre, le cadavre de la pauvre suicidée, entraîné par le fleuve, s'était *arrêté précisément en face de cette Chambre des Députés* qui, au nom de la France entière, demandait alors à grands cris la réparation de la plus épouvantable iniquité des temps modernes.

1846-1850

59e-54e années

Les quatre années suivantes s'écoulèrent en pure perte. L'intrépide fille de Lesurques était morte; la famille plongée dans le désespoir resta inactive; les événements politiques, qui préparent et accompagnent la révolution de 1848, expliquent d'ailleurs la suspension de toutes les démarches. Elles furent reprises en 1851.

1851

55e année.

Cette année-là, la famille adresse une nouvelle pétition à l'Assemblée législative. Le 25 janvier, l'honorable M. de Laboulie, rapporteur de la commission nommée pour examiner la supplique, déclare que L'INNOCENCE DE LESURQUES EST INCONTESTABLE, QU'IL NE SUFFIT PAS DE LA PROCLAMER, QU'IL FAUT FAIRE CASSER L'ARRÊT DE 1796 ET PROCÉDER A LA RÉHABILITATION.

Alors une commission est nommée pour revoir le procès, et proposer, s'il y a lieu, les mesures de réparation.

Le 19 mars, après le rapport de M. Canet, MM. de Riancey et Favreau proposent la *modification de l'article 443 du Code d'instruction criminelle.* L'ASSEMBLÉE PREND CETTE PROPOSITION EN CONSIDÉRATION.

L'affaire a fait un pas immense; il semble qu'on touche au terme de tant d'efforts, lorsque, le 2 décembre 1851, un grand coup de foudre politique disperse la représentation nationale, ajourne encore une fois les espérances des défenseurs et des héritiers de Lesurques, et semble rejeter en pleine mer ceux qui pensaient déjà surgir au port!

852-1859
—
-62e années

Six ans de prostration et de silence. M. Méquillet est absent de France ; les affaires d'État sont pressantes ; la parole est au canon de Sébastopol ; une voix isolée, parlant au nom d'un intérêt privé, eût-elle pu se faire e..tendre au milieu de ce tumulte des intérêts publics et des événements européens ?

———

859-1861.
—
-65e années

En 1859, M. Danjou meurt, laissant sans ressources une veuve et cinq jeunes enfants ; les amis de la malheureuse famille ceignent de nouveau leurs reins et retournent au combat. A leur tête, nous retrouvons le vétéran, non invaincu, mais invincible de ces luttes épiques. M. Méquillet, qu'aucun échec ne rebute, et qui a foi dans le triomphe nécessaire d'une cause juste entre les plus justes, en appelle de nouveau à **LA CONSCIENCE PUBLIQUE, A LA JUSTICE DU PAYS, A LA PITIÉ DU SOUVERAIN**. Toute la presse lui prête un appui généreux et efficace ; une fois de plus l'opinion s'émeut, de hautes sympathies se manifestent ; ce ne sont de toutes parts qu'encouragements et promesses ; les cris de l'infortune sont montés jusqu'à l'oreille du chef de l'État, et l'heure de la réparation définitive enfin va sonner.

———

VI

Résumé et Conclusion.

Tel est l'état des choses à l'heure même où vont s'imprimer ces lignes écrites avec tristesse, mais non sans espérance. Nous les résumerons en quelques mots :

Lesurques a été exécuté, dépouillé, déshonoré.

Il est innocent ; donc il faut publier, réparer, expier l'erreur qui l'a fait condamner.

Mais il est mort ! — Qu'on réhabilite d'abord sa mémoire, qu'on rende ensuite à sa famille et l'honneur et l'argent !

Mais la loi n'a pas prévu le cas !— Qu'on supplée sur l'heure à l'inconcevable oubli de la loi !

AINSI LE VEULENT LA RAISON ET LE DROIT, AINSI LE VEUT L'INTÉRÊT DE TOUS ET DE CHACUN.

———

Puis, aux honnêtes gens qui croiraient devoir ici rester neutres et indifférents, nous crierons de toutes nos forces :

— « Associez vos vœux à nos vœux ! car nul de vous N'EST ASSURÉ CONTRE LE SORT DU MALHEUREUX LESURQUES : demandez avec nous une garantie future contre les FATALES MÉPRISES ou, du moins, un moyen LÉGAL de les réparer, quand elles auront été commises. »

———

Aux représentants officiels de la justice, aux magistrats, aux juges, aux jurés, nous répéterons simplement les paroles que Mᵉ Paillet, d'éloquente et honorable mémoire, adressait, le 12 juillet 1851, à ses collègues de l'Assemblée législative :

— « LA JUSTICE NE PARAIT JAMAIS SI GRANDE, SI BELLE, SI RESPECTÉE QUE LORSQUE, APRÈS AVOIR TOUT FAIT POUR ÉVITER L'ERREUR, ELLE FAIT TOUT POUR LA RÉPARER ! »

———

AU GOUVERNEMENT ENFIN, A L'EMPEREUR nous dirons :

« — Élu du suffrage universel, proclamez, exécutez l'arrêt du suffrage universel qui absout et purifie la mémoire de l'infortuné Lesurques. Au pouvoir jeune et fort, plein d'initiative et capable d'ambitions généreuses, au pouvoir qui ose détruire et sait fonder, appartient l'honneur de perfectionner le Code et de faire parler la loi muette. Qu'un mot de vous, SIRE, permette à la Justice d'être juste ! »

Un grand malheur et un grand crime réparés, de longues douleurs soulagées, le vœu populaire satisfait, notre législation complétée, une solennelle leçon donnée à la France et à l'univers, voilà de quoi tenter le cœur de Napoléon III et recommander son règne aux sympathies du présent et aux respects de l'avenir!

Paris, 24 Juin 1861.

HENRY D'AUDIGIER.

Post-Scriptum. — Ces pages que nous signons, le 24 juin 1861, ne sont qu'un premier et sommaire travail sur une matière que nous nous proposons de développer bientôt dans une seconde publication. La présente brochure n'est, pour ainsi dire, que l'annonce d'un livre, où, les révélations nouvelles et les pièces inédites seront ajoutées aux anciens témoignages de l'histoire, si nombreux déjà et si irréfragables. — Ce livre, modeste monument, mais œuvre de bonne foi, restera, s'il plaît à Dieu, pour attester l'innocence d'un infortuné et rendre un juste hommage à tous les défenseurs de sa mémoire.

H. D'A.

Imp. FÉLIX MALTESTE et Cie, rue des Deux-Portes-Saint-Sauveur, 22.

www.ingramcontent.com/pod-product-compliance
Ingram Content Group UK Ltd.
Pitfield, Milton Keynes, MK11 3LW, UK
UKHW021623130726
13696UKWH00005B/2023